●地域で活動を始めるみなさまへ

社会資源の開発は、さまざまな分野で必要性が論じられ、積極的に取り組むことが求められています。

特にインフォーマルな資源の開発の重要性が高まっていますが、開発には困難さもさまざまな理由で伴うとされてきました。

資源開発を働きかけても、「地域には行政などからたくさんの事業が依頼されていて、これ以上は引き受けられない」「地域には高齢者しかいないので、新しいことはできない」といった言葉が返ってくることもあります。

しかし、このような地域にも人の暮らしがあり、暮らし続けるための知恵と工夫があります。日々の暮らしのなかにある知恵と工夫、技は、当たり前なので気づかずに暮らしにとけ込んでいるものです。

この日々の暮らしのなかにある知恵と工夫、技こそが、社会資源です。こういったものは見えにくいのですが、住民がさまざまな機会を通じてつながることで、お互いを気にかけ、見守り、支え合いが生まれます。

永年積み重ねられた知恵と工夫、技は、地域の文化と伝統として受け継がれています。この地域の宝物ともいえる文化と伝統は、日々の暮らしのなかにある支え合いを住民が意識して見える化することによって、社会資源（あるもの）として活用することも可能になります。

地域にまぜてもらい、住民の暮らしに根ざした文化と伝統、そして、地域の宝物を住民に教えてもらい、住民とともに日々の支え合いを見える化・見せる化をしていき、暮らしをさらに豊かにする方法をともに学んでいきましょう。

東北こども福祉専門学院 副学院長　大坂　純

もくじ

本書の構成と使い方

マンガを通して、生活支援コーディネーター等の地域への入り方、住民との関わり方を学んでいきます。

マンガは、生活支援コーディネーターが遭遇するであろう、地域での住民との関わりを4つのパートに分けて、生活支援コーディネーターの活動の第一歩である「地域にまぜてもらうまで」を描いています。

第1話「日々のつながり・交流を知る」
第2話「活動は芋づる式に見えてくる」
第3話「住民の暮らし方を教えてもらう」
第4話「あるものを活かして、暮らしを豊かに」

各話の最後には、**解説**があります。ここを読むことで、マンガだけでは説明できなかった生活支援コーディネーターの視点が強化され、役割がより明確に理解できるようになります。

そのほかに、生活支援コーディネーターの日々の活動に役立つヒントと事例が挿入されています。

〈おことわり〉
全国で生活支援コーディネーターの設置が進んでいますが、自治体によってその性質はさまざまです。行政に設置する場合のほか、委嘱先も市町村社会福祉協議会、民間法人委託型の地域包括支援センター、NPO法人、民間ボランティア団体など多様なうえに、コーディネーターの活動背景も福祉保健医療の専門職に限らず、NPOやボランティア団体、住民組織などと多様です。本書のマンガに登場する人物の所属等は、ストーリー展開上必要な一般的な生活支援コーディネーターの設定としました。細部にこだわることなく、ストーリーを追っていただければ幸いです。

個人の問題から地域の課題へ

地域には介護だけでなく、さまざまな暮らしの課題があり、「福祉の課題」として解決を必要としています。生活支援の必要な一人暮らしの高齢者や障害者、生活に困窮している人など、さまざまな人たちの悩みに応えるために、生活支援を含めた地域福祉の視点が求められます。個人の問題ととらえるのではなく、地域の課題としてとらえましょう。つまり、お互いさまという視点をもち、地域から排除しないということです。

たとえば、認知症の人が火の管理ができなくなったとき、危ないので地域で暮らすのは無理だとすぐに決めつけるのではなく、どうしたらその人が地域で暮らせるかを、ともに考えていくことが求められます。

地域での日々のつながりや交流は、支え合いの基盤であり、宝物です。他人ごとではなく、自分ごととしてとらえ、地域のみんなの課題として共有して解決策を考えることは、地域で最期まで暮らし続ける地域づくりにつながります。そのためのしかけとして、今回生まれたのが生活支援コーディネーター（地域支え合い推進員）と協議体です。

まずは、地域での支え合いの推進役である生活支援コーディネーターが、地域の宝物を発見して歩き、みんなで「これはいいね！」と認め合うことから始めましょう。そして、地域が元気になる機会を少しずつ広げていきたいものです。地域にあるものをつなげ、積み上げることで、結果的に地域の実情に合った仕組みができてくるのです。

サービスづくりではなく、地域づくりへ

2015年4月の介護保険改正の大きなねらいは、本人が役割をもって、多様なつながりを維持できる地域づくりです。図1に示したように、これまでの介護予防では、要介護予備軍を対象に、要介護状態になら

◆図1　改正介護保険による介護予防の転換

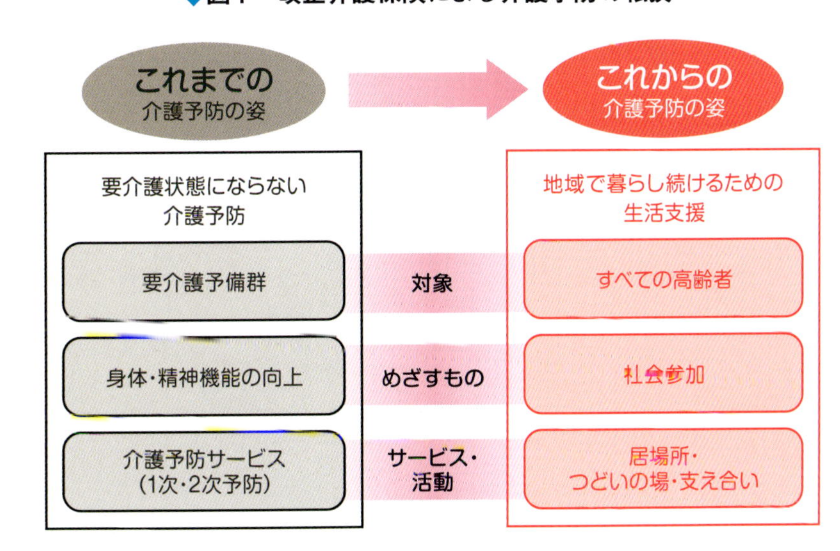

ないことを目指してきましたが、これからは、すべての高齢者を対象に社会参加を促し、地域で暮らし続けるための生活支援を目指します。「サービスづくり」ではなく「地域づくり」へ、発想の大転換が自治体にも専門職にも住民にも求められます。

もう一つ、おさえておきたい点があります。これまでは、個人の自助を前提として、共助・公助を整備していくという方向にありました。しかし、これからは互助を豊かにすることで自助も高めていくという方向へ転換したといえます。つまり、「自助の支援」から「互助の支援」への転換です（図2）。

図3は、支え合いの地域づくりを一本の木にたとえたものです。木の幹は、地域支え合い活動などインフォーマルな社会資源です。その上に繋っている制度にもとづくサービス（フォーマルな社会資源）は、地域の支え合い活動の幹によって支えられていることがわかります。さらに重要なのは、外からは見えにくい根っこにあたる部分、つまり近所づき合いや仲間同士のつき合いなどの自然発生的な日々の営み（ナチュラルな社会資源）が、これらの社会資源をしっかりと支えていることです。

隣近所とのあいさつやお茶飲みは、ゆるやかな見守りにつながっていますし、立ち話や趣味のサークルは情報交換の場でもあります（図5）。あまりにも当たり前の営みで、誰もこのたいせつさに気づいていない場合が多いのですが、このような宝物を大事に育むことが、豊かな地域づくりにつながります。

生活支援コーディネーターの役割

個々の地域の営みを見つけて、つないでいくと、結果的に支え合いのネットワークができて、生活を支援する体制になります。その役目を果たすのが、介護保険改正で創設された、生活支援コーディネーターと協議体です。

少子高齢化、人口減少のなか、これからの高齢者が、今の高齢者と同等のサービスを受けられるとは限りません。自分たちの暮らしは自分たちで守り支えよう！と、住民をはじめ自治体や専門職も発想を転換し

◆図2　自助支援から互助支援へ

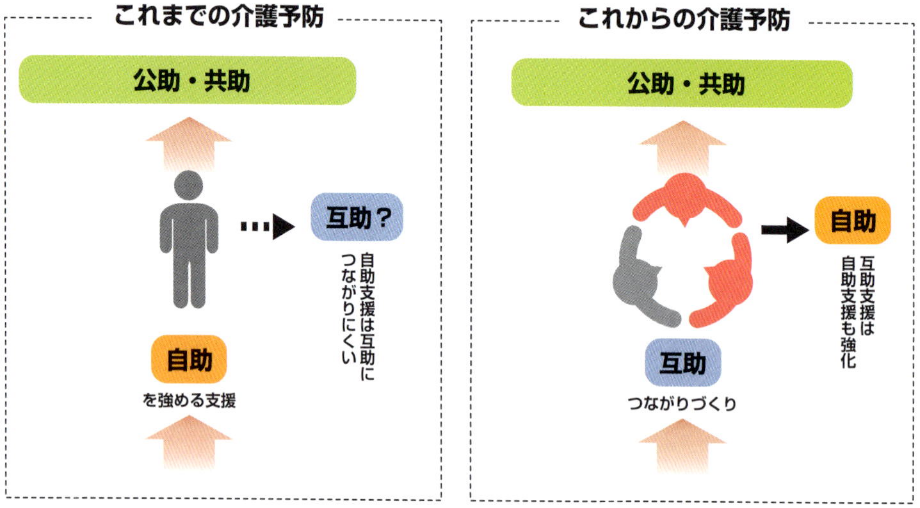

◆図３　地域づくりの木

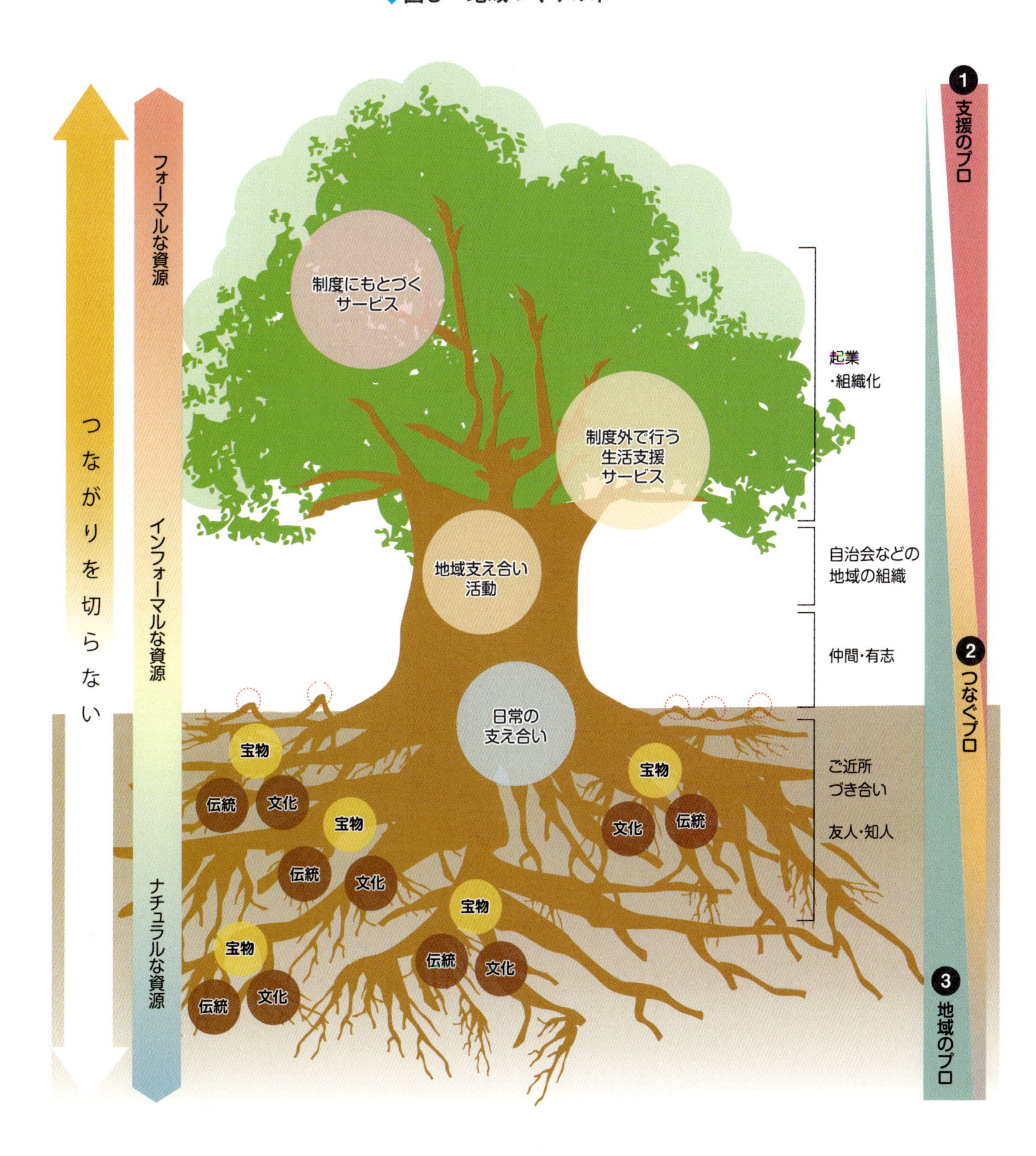

❶ 支援のプロ

支援のプロは、制度にもとづくサービスの提供が中心。地域のプロと連携することで、地域包括ケアシステムが目指す、支援や介護が必要になっても地域で暮らし続けられるサービスを提供できる。

❷ つなぐプロ

つなぐプロ：地域のプロと支援のプロをつなぎ、そのほかの専門職や制度、地域と人をつなぎ、住民同士をつなぐなど、多様なネットワークを育てる人を指す。

❸ 地域のプロ

地域のプロ：地域に暮らす住民はみんな地域のプロといえるが、人と人のつながりなど人間関係やどこに何があるということをよく知っている、いわゆる地域の世話好きさんや伝統などに詳しい物知りさんのこと。

ていくことが求められます。
生活支援コーディネーターは、地域にあるさまざまな支え合いを発掘し、発信する役割を担います。
積極的に地域に入り、人々の暮らしのなかにあるさまざまな知恵や工夫・技を見つけ出して、それらを意味づけて、その意義を意識化したり、見える化することが重要な仕事の一つになります。現在ある取り組みや組織などを上手に活かして、住民と専門職、機関、商店などをつなげ、日々の支え合いと地域支え合い活動と制度にもとづくサービスが有効につながるように働きかけましょう。
その際、すでに地域のなかの営みやさまざまな活動とその効果を理解し、地域で共有することに重点を置いてください。
また、生活支援コーディネーターは協議体の事務局的な役割を担うことがあります。地域の支え合い推進役として、協議体を活用しながら広く住民の声を拾い、議論を活性化させて、地域がより暮らしやすくなるようにサポートしましょう。

介護保険サービスと地域での支え合いの関係の変化

図4は、介護保険サービスと地域での支え合いの関係を表わしたものです。
介護を個々の家族の問題とするのではなく、社会みんなで支え合っていこうと「介護の社会化」がうたわれ、介護保険が始まったのは2000年の4月です。それ以前は、わずかな公的介護サービスしかありませんでした（図4Ⓐ）。この図の左上の「施設」をもっと充実させることで、介護の社会化を目指したのです。
一方、右下の「自宅」の家族の構成人数は今まよりも多かったように思いますし、真ん中の「地域」も友だちやご近所、親戚づき合いも今よりは豊かだったように思います（図4Ⓑ）。
介護保険の導入から18年が経過し、施設・介護サービスは質量ともに充実して、多くの地域で介護を支える仕組みは、整ってきたかのように思えます（図4Ⓒ）。
安価な自己負担で専門職のサービスが受けられるという意識が広がると同時に、「介

◆図4　介護保険サービスと地域での支え合いの関係の変化

Ⓐ 介護保険前は、わずかな『介護サービス』しかなかった。

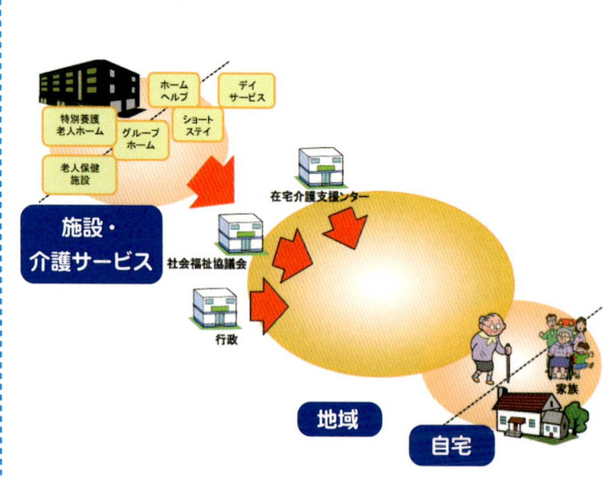

Ⓑ しかし『本人と支え合う多様なつながり』があった

護保険サービスに結びつけば、ひと安心。私たちご近所の役割は終わったね」という住民意識も大きくなり、本人を取り巻く、家族や親せき、友だちやご近所とのつながりは希薄化していったのです。日常の暮らしを支え合うような関係は、ずいぶん弱くなったのではないでしょうか。

介護保険は本来、1日でも長く地域の中で暮らし続けることができるように、つくられたものです。それにもかかわらず、介護保険サービスを使えば使うほど、ご近所との関係が薄れたり切れたりしてしまい、地域で住み続けられなくなっていきました。その結果、早々に施設へ移り住まなくてはならなくなるという実態を生むことになってしまったのです。

2015年の介護保険の改正は、介護保険の財源を持続可能なものとするために、比較的軽度の要支援の人たちをサービスの受け手（客体）にとどめない、支え合いの地域づくりの担い手（主体）として、積極的に社会参加してもらう方向に転換を図りました。

これはまさに、希薄になった住民同士のつながりを再発見し、「見える化」「見せる化」を通じて協議体も含めて、みんなで共有し、それをさらに豊かにしていくことで、介護保険サービスもうまく活用しながら、一日でも長く暮らし続けられる地域づくりを目指そうとするものです（図4Ⓓ）。

2018年の介護保険の改正では、地域包括ケアシステムを基盤にして、「地域共生社会」の実現に向けた内容も盛り込まれました。地域のつながりの再構築を進めるうえで、生活支援コーディネーターや協議体は、重要な仕組みなのです。

Ⓒ 気がつけば『制度・サービス』は整ったけれど、支え合いが見えなくなった

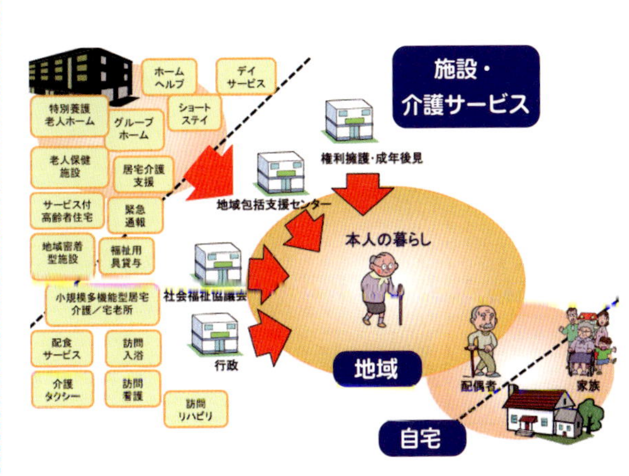

Ⓓ 住民も専門職もみんなで支え合う地域に
改正介護保険

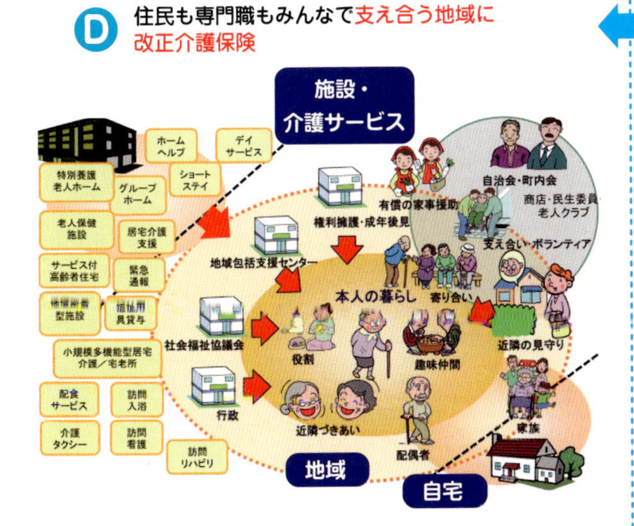

story

01

日々のつながり・交流を知る

生活支援コーディネーターは、地域のさまざまな活動や支え合いを発掘し、発信する役割を担います。そのためには、地域のなかへ入っていき、住民の日々のつながりや交流を知ることが求められます。それらは表からは見えにくいものですが、地域の「宝物」と呼ばれるものです。新人コーディネーターの岡田明子の目を通して、どうやって地域に入っていけばよいのか、どうやって地域の宝物を探せばいいのかを一緒に考えていきましょう。

岡田明子　25 歳

新米生活支援コーディネーター
大学卒後、福祉施設で生活相談員として働く。2年後、地域包括支援センターへ異動、春から生活支援コーディネーターとして働くことになる。

カバンの中身

手芸セット
自作の小物
ペットボトルのお茶
アメ
ノート　など

※この物語はフィクションです。実在の場所、人物とは関係ありません。

O市地域包括支援センター
O市
地域包括
支援センター
岡田さん
ハイ
今日10時から
神社の清掃が
行われるんだ
僕も行くけど
地域の
住民活動を見学に
岡田さんも
一緒に
行ってくれる?
そのあと
反省会も
あるんだけど
保健福祉課　主査　新山
私
岡田明子は
地域包括支援センターに
勤務する社会福祉士
今年4月から
生活支援コーディネーター
として
配置されました

生活支援コーディネーターとして着任して3か月
試行錯誤の毎日です
も少しいるけど 先に帰っていいよ
……
なんだかな
市の保健福祉課から参りました
あ 市役所から？
お困りのことやお気づきのことがありましたらご連絡ください
自治会長さん新しく配置された生活支援コーディネーターの岡田です
よろしくお願いします
困りごと？今のところ特にはないねぇ
ご苦労様です

まぁ だんだんと 顔をつないでいって もらえればいいから
今度から 1人で少しずつ 回ってみて
ハイ
あ
おばあちゃん たちが あんなところで お茶飲み してる
生活支援 コーディネーターって いっても 具体的に 何をどうすれば いいんだろう 一人暮らしの高齢者を 訪問はしてみても いまひとつ何か…
テキスト
生活支援 コーディネーター テキスト
困りごと？
別にないねえ
生活支援コーディネーター研修
このように 地域の 足りないものを 探して
生活支援サービスの 開発をしましょう
生活支援サービスの開発？ サービスをつくれって 言われても…
一体何を どうしたら…

地域包括
支援センター
岡田さん今日午後空いてる？
男女参画センターで2時からサロンがあるから行ってくれる？
僕もあとから行くから
ハイ
生活支援コーディネーターだから住民活動を見に行くようにって言われて
セミナー受けたりお茶飲みとか清掃活動を見に行ったりサロンを見学したりしてるけど
どこに行っても私はよそ者…こういうものなのかなぁ…
こんにちは
社協の村木です
市社会福祉協議会
地域福祉コーディネーター
村木 浩
あら村木さん！
村木さん！また来たの？
こんにちは村木さん！
村木さん！
ワイ
ワイ
村木さん？

岡田さん こちらは市社協の村木さん
よろしくお願いします
社協といえば地域福祉のプロだからね
岡田さんも村木さんにいろいろ聞くといいよ
地域福祉のプロ…
村木さん 私 うまく地域に入れなくて
そうなの？
ふーん
どうしたら村木さんみたいになれるのか教えてください
え？
あそこ盛り上がってるから行ってみない？
山田さん いつもお元気そうですね？
村木さん！
これ食べてみてよ
どれ
ぱく！
ん！うまい！
このお漬け物おいしい！
こっちも食べてみて！
このキュウリもうちでとれたんだ
実は友だちが直売やっててね
このカボチャもサツマイモも私がつくって出してるの
ええ すごいですね
山田さんの畑も見に行っていい？
今度行ってみようよ？

ああ
こんなふうに
「入って」
行くんだ
あんた
おもしろい
人だね
ほかにも
こういった
活動されてるん
ですか？
このサロンの
ほかにも
週に2、3回
ウチに集まって
お茶飲み
してるよ
いいです
ねえ
明日も
あるんだけど
ちょっと
おもしろいことが
あるんだヨ
えー!?
何ですか？
行ってみても
いいですか？
チャンス！
キッ!
あっ
あの
そのお茶飲み
私も一緒に
行っても
いいですか?!

解説

生活支援コーディネーターとなって、「さて何をしたらいいんだろう」と迷う前に、まずは地域に出かけることだ。そして、地域のお茶飲みや清掃活動などの日々の営みにまぜてもらうことから一歩は始まる。

まぜてもらうとは、その地域の暮らし方（流儀）に合わせる（郷に入れば郷に従え）ということ。だから訪問の際、そこで出された漬け物や茶菓をいただけませんと遠慮しているようでは話にならない。その場の会話を楽しみ、わからないことは率直に尋ね、新たな発見には素直に反応する（子どものようにおもしろがることもある）ことで視野が広がっていく。マンガのなかで社協の村木が発する「この漬け物美味しい」とか「どなたがつくられたのですか」というような会話から、相手の生きいきした反応が引き出せ、その人の生きがいや暮らしぶりが見えてくるし、「つながり」や「支え合い」の関係も見えてくる。

一見簡単そうに見えて、実はなかなか難しい。はじめは、地域につながっている村木のような専門職・同僚や、自治会長・民生委員などの地域のリーダーに同行してもらって関わり方を学んだり、「雑談力」を磨くことも重要だ。会話がはずむようになると、こちらから水を向けなくても住民が自然に話し出してくれるようになる。そこで語られる、暮らしのなかの楽しみや困りごとは、地域のなかでどんなふうに支え合っているのかなど、生活支援コーディネーターには、つねに地域や住民の日々の暮らしに関心を寄せる姿勢が求められる。

いつもの見慣れた地域の様子は、実は「地域の宝物」かもしれない！

たとえば毎朝、近隣の高齢女性3人が、犬を連れて地区内を散歩している様子を目撃したとします。一見すると、単なる犬の散歩です。でも、別な視点から見ると、この3人は毎日犬の散歩を通じて運動をして、それが「介護予防」につながっていますし、地区の「防犯パトロール」を自主的に行っているとも考えられます。仲間の一人が外に出てこないときには気になり、自宅に寄って「どうしたの？」と声をかけて「見守り活動」をしているかもしれませんし、場合によってはおかずを差し入れるなどの支え合い（これを活動に起こせば「食事サービス」となります）をし合っているかもしれません。しかも、毎日外を歩くことで元気な姿を周囲にアピールし、見守り活動ならぬ「見守られ活動」を自ら行っています。犬の散歩をするグループには、実はこんな効用があるのだと気づいたとき、この活動は「地域の宝物」になります。

このように、いつもの見慣れた地域の様子は、実は「地域づくりの木」の根っこの部分である土の中の「宝物」かもしれません。あなたも、自分の暮らす地域を思い描きながら、どんな「宝物」があるかを、効用とともに考えてみましょう。

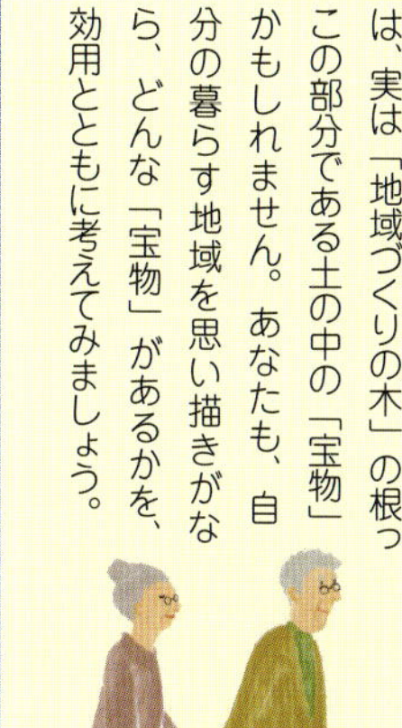

まずは、地域を知ることから

まずは、地域に関心をもつことから始めましょう。「このまちはどんなまちかしら」と想像し、まち並みや人々の様子、地域の風景を知ることです。一日のなかでも朝昼晩では地域の顔は変わります。1年を通じても春夏秋冬で様子は変化しますし、5年、10年、15年と年月を経ることで、戸建ての住宅が減って大型マンションが建って若い家族が増えてきたなど、変化に気づけることもあるはずです。

地域には、そこに暮らす人、拠点、さまざまな活動、人と人とのつながりやネットワーク、歴史や文化・風習、自然環境などがあります。それらすべてが地域の資源と呼ばれるものです。言い換えれば、資源とは、私たちが暮らしを営むうえで「利用可能なすべてのもの」です。

それらは、その地域特有の「宝物」であり、地域住民のアイデンティティといえるのではないでしょうか。

生活支援コーディネーターの役割の一つに、「地域のニーズと資源の状況の見える化、問題提起」があります（以下の囲みを参照）。ここでいう「資源の見える化」とは、地域にすでにあるもの（資源）を見つけることから始まります。

それは、地域の宝物探しということです。

住民がどのようにつながり、支え合っているのかを、一番よく知っているのは住民自身です。そして、地域でたいせつにしているものは何かもよく知っています。

ですから、生活支援コーディネーターは、地域に入り、住民の声に耳を傾け、その営みを見せてもらう。そこから、コーディネーターの第一歩が始まります。こうした地域に当たり前にある資源のなかから、社会参加や役割づくりにつながる資源を発見することです。

住民同士のつながりは、外からは見えません。地域を歩き、知り合いになり、そのような表には見えてこない住民同士のつながりを教えてもらうこと、これが地域資源を知る近道です。

生活支援コーディネーターの6つの機能

1. 地域のニーズと資源の状況の見える化、問題提起
2. 地縁組織等多様な主体への協力依頼等の働きかけ
3. 関係者のネットワーク化
4. 目指す地域の姿・方針の共有、意識の統一
5. 生活支援の担い手の養成やサービスの開発（担い手を養成し、組織化し、担い手を支援活動につなげる機能）
6. ニーズとサービスのマッチング

（「介護予防・日常生活支援総合事業のガイドライン」厚生労働省　2015.6　より抜粋）

あるもの探しが第一歩

◉資源（宝物）を見つけるためのポイント

住民の「つぶやき」を集める

「こんなことができたらいいなあ」「こんなことで困っているんだけど」という一人のつぶやきが支え合いや活動の種です。生活支援コーディネーターは、つぶやきに対して、〝なんとかしたい〟という気持ちになっている住民の思いに気づき、共感することがたいせつです。

普段着の支え合いにアンテナを張る

住民はとくに意識していなくても、そこには地域に根ざした知恵や工夫・技がありま す。日常の支え合いは、さり気なく日々の暮らしのなかで行われています。生活支援コーディネーターは、そのような自然（ナチュラル）な営みに気づいたら、それを下の図5のように意味づけて広げてみましょう。このように、意味づけと意識化することによってさらなる資源へと発展する可能性があります。

地域にまぜてもらう

住民から、地域の「たまり場」を教えてもらいましょう。具体的には、近所でのお茶飲みの場や公民館などの教室、商店や飲食店など、人と人がつながる場は地域にたくさんあります。こういった自然なつながりが見えてくると、まぜてもらえるようになります。

地域の顔役と知り合いになる

地域には、その地域をよく知る住民がいます。自治会長や地区社会福祉協議会の会長、民生委員・児童委員などはもちろんですが、専門職や行政職員のなかにも地域に詳しい人はいます。

そういう人を頼って、地域に入る際のコツを教えてもらいましょう。顔見知りになり、相談できる関係になると、必要なアドバイスや情報提供を受けることができます。

◆図5　チュラルな資源を意味づけ・意識化する

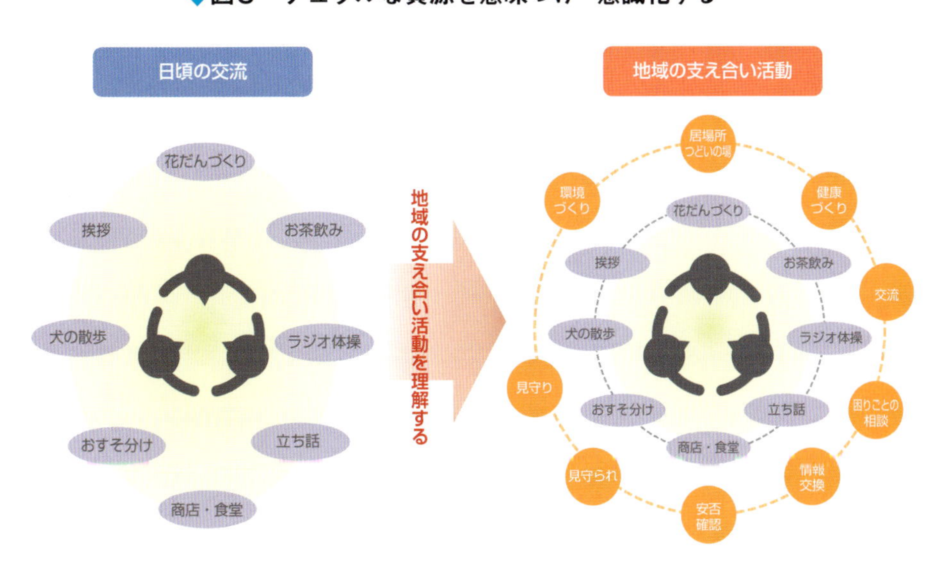

story

02

活動は芋づる式に見えてくる

地域には、目に見えないさまざまな支え合いがあります。一つその糸口が見えてくると次々にほかの活動も見えてきます。地域にどんな活動があり、どのようにつながっているのかを一番よく知っているのは住民です。それを教えてもらえると、いろんなつながりに気づけるようになります。市社協の地域福祉コーディネーター、村木浩の動きから、支え合い活動の「見える化」を学びましょう。

村木　浩　35歳

市社会福祉協議会地域福祉コーディネーター。行政や地域住民とも顔なじみ。好奇心旺盛で、何にでもおもしろがって飛び込んでいくタイプ。趣味はカメラ。猫と二人暮らし。

カバンの中身

一眼レフカメラ
望遠レンズ
ミニアルバム
（撮った写真を住民に配る）
地図
IC レコーダー　など

※この物語はフィクションです。実在の場所、人物とは関係ありません。

数日後
村木さんと一緒に
山田さんのお宅に
伺うことに
なりました
後ろの席に
乗ってくれる？
野菜で
いっぱいだけど
山田さんの
お友だちの
直売所で
たくさん
買っちゃった
すごい
どっちゃり
本当に
行ったんだ…
あの…
村木さんは
住民さんと
お話するとき
どんなことに
気をつけて
いるんですか？
話を
聞くとき
僕が
心がけて
いるのは
人生の大先輩の
お年寄りから
「教えていただく」
つもりで
きちんと聴く
ことかな
簡単な
パンフとかを
持って行くと
話の糸口になるよ
山田さん
こんにちは
お邪魔します
今度
介護保険制度が
ちょっと
変わるので
その
パンフレットを
持って来ました
うちはまだ
関係ないけど
どう
変わるの？
ふむふむ
いずれ必要に
なるかもね
ありがとう
まあ
上がって
ちょうだい

ブロロロ!
プップー
あ　来たわ!
どなたか　お友だちが　見えたん　ですか?
まあ　外に出て　ご覧なさいよ
移動販売!
週に2回　お茶飲みの時に　来てくれるの
車がなくて　遠くまで　買い物に　行けないから　助かるわ
楽しいし!
これが住民の　「支え合い」なんだ
活動が　つながって　広がってるのが　わかるよね
中にまぜて　もらえないと
なかなか　見えてこない…

皆さん お元気ですよね 何か運動されてるんですか？
たいしたことじゃないけど
毎朝 山の上公園でラジオ体操やってるの
見にくる？
行ってもいいですか？
翌朝
新山さんも!? おはようございます
よっ
すみません ちょっと活動を見せてもらっていいですか？
こ
い
こ
こ

いつから ラジオ体操を されてるん ですか？
もう15年以上も やってるよ
雨の日も 雪の日も 365日ね
そう 屋根の下で 体操したり 傘さして 歩いたり
雨の日も？
雪の日も ですか？
だって 休むと メンバーが 心配 するんだもの
電話 かかって 来たり
そうだよ
心配して どうした？って うちにも 来たり するから
雨降っても 雪降っても 休めないんだよ
村木さん これって
うん 立派な 「見守り」に なっているね
毎日 顔を合わせることが
見守りや 安否確認に つながっている
私ら これから ウォーキングに 行くけど
ラジオ体操 しながらじゃ お話 できないからね
つき合うかい？

ラジオ体操に集まったメンバーの大半はそのままウォーキングに出かけ
40分ほどウォーキング
そしてその中から何人かはその後コンビニに寄り
そこでお茶飲みを楽しんでいるということがわかりました
どうして写真を撮ってるの？
いつどこでどんな活動があったか
記録してファイリングするんです
あとで整理してマップをつくったり
情報紙つくったりするのに役立つし
それならもっと
いろんなことやってるよ
見に来るかい？
ぜひ！

ウォーキングのメンバーはそのほかにも
ときには近くのスナックで「アルコール会」
メンバー持ち寄りの「お食事会」
メンバーの多くが住んでいるマンションの空室を利用してサロンを常設
避難訓練の実施も
いろんな活動がつながっているんですね
そんなふうに親しくなってくると日々の暮らしの中で助け合ったりとかも？
そりゃいろいろあるわねえ
お互いにね
灯油を運んでもらうとか
ひとり暮らしの男性に料理を教えたり
病院の送迎とか
へ〜！
具合の悪いときは差し入れしたり
服を買いに行くのにつき合ってコーディネートしてあげたりとか
ありがとう

電化製品を買ったときは設置したり
リモコンの設定もしてもらったわ
足が不自由な井上さんちにはカラオケがあるから
週に一度は集まってカラオケ大会よ
私は朝市で売り子をやってるわ
見に来る？
ひとり暮らしでお互いに支え合ってるんだ
あったかいなあ
どうしたらあんなふうにお元気でいられるんでしょうか？
ここはおふくろの生き甲斐だ家に閉じこもっていたらボケちまうよ
おうちにお邪魔してもいいですか？
びくっ
どうぞどうぞ
するとそこには
お茶飲みだけでなく

ラジオ体操のメンバーがまた別のサークルに参加していたり
お話会
おさんぽ会
いろいろなつながりがあることがわかってきました
皆さん楽しそういろんな活動をされているんですね！
そうだねこうやって
見せてもらっていると次々にいろんなことを教えてくれるんだよ！
名づけて芋づる式地域の歩き方!!
まずはおもしろがってまぜてもらうのがいちばん！
そしたら次は？次のステップは？
活動の「見える化」だ！
次のステップ…それは
ニヤリ
見える化
って何ですか？それ…

今まで見て来た地域の営みは
本人たちは別に
「見守り」とか「サロン」とか「支え合い」を意識していない
ああ確かに
こういった活動内容をまとめて広く多くの人に見てもらうことで
本人たちがやっていることを認識する
あ…
そのために写真撮っていたんだ…
たとえば写真を撮影して文章を添え情報紙や冊子にすれば
郡山市の「通いの場」
駒板おさんぽ会
掲載された人は励みになるし
手に取りやすく誰にでもわかりやすく伝わる
そーなのよー
イベントで発表する手もある
実はそういった活動を発表する場でみなさんの取り組みを発表してもらった
第1回 地域のお宝グランプリ

冊子をつくったり
発表されて
いかがでした
私らの
やってることって
そんなに
すごいこと？
ほめられると
なんだか
うれしいね
いつも
やってることが
すごいことって
言われて
たいしたこと
してるつもりは
なかったのに
いいことなら
ずっと
続けられたら
いいね
ホームページや
SNS発信など
「見える化」の
方法は
いろいろある
「広報紙」
とかね
○○だより
まちしるべ
地域の営みを知って
それを
「見える化」することで
活動を再認識する
それによって
モチベーションも
あがるんだ
地域の営みを
探して
「見える化」する
ここまでは
わかりました
そう
その次
どうするか
だよね
実は
すごい人が
いるんだ

解説

各地で、「うちの地域の住民は、支え合いに関心が薄い」という専門職や住民リーダーの声をよく聞く。しかし、果たしてそうだろうか？　全国の支え合いの活発な地域の事例に接するとそう感じることもあるかもしれないが、実は地域を見る目が肥えてくると、わが地域にも多くの支え合いがあることが見えてくる（はずだ）。

介護保険が改正されて、これまでの要支援相当にあたる状態の人は、今後予防給付から総合事業の対象へと移行する。16頁で示したように、厚生労働省のガイドラインでは、生活支援コーディネーター（地域支え合い推進員）には6つの機能が示されている。たとえば、不足している資源を開発しようとする前に、見る目を変えて地域を見渡してみると、活かせる地域のつながりがたくさんある、しかし、それは地域住民の日々の暮らしにまぜてもらわないと見えてこないというのが第2話の核心だ。

マンガのなかでは、住民が次々に教えてくれる活動を生活支援コーディネーターたちがおもしろがって追いかけていく。住民の日常の営みは、見守りになり、やがてはちょっとした生活支援（ひとり暮らし男性の洋服のコーディネートや灯油を運ぶなど）にまで発展していっているのがわかる。つながりによる支え合いとその広がりが見えていく過程を「芋づる式」と表現しているが、その形状は1本の芋づるではなく、「葡萄の房」が芋づるのように連なっているイメージだ。

暮らしの営みを知れば、高齢者だろうが障害者だろうが、地域生活のなかでは支えられるだけでなく支える側の資源になり得るということであり、支え合う関係性があれば、支えられることが多くなってきても地域で自律して、自立を支え合いながら、暮らしていけることがわかる。

実はそのような知恵と工夫・技を駆使して、人々の暮らしは連綿と続いてきたのではないだろうか。自分たちには到達できないと感じる先進事例も、一朝一夕にできたわけではない。日々の支え合いの延長線上にしか現在の姿はあり得ないのである。

国は今後、要支援だけではなく、要介護1・2の人も総合事業の範疇にという方向を打ち出している。地域のなかにたくさんの葡萄の房を増やし、それを見えるようにしていくことが、生活支援コーディネーターの役割の一つといえる。

日々の支え合いを、冊子にまとめて「見える化」する

日々の支え合いは、住民が意識せずに自然に営んでいる場合があります。そこで、そのような日々の支え合いを「見える化」して、住民自らがその意味を理解するとともに、協議体をはじめ、より多くの人たちと共有するために、その活動の様子を撮影し、説明文を添えて、冊子にまとめる方法があります。

たとえば、『この村で暮らすこと、生きること』は、高齢化率が55%を超える福島県昭和村の住民の暮らしを、村内全10地区を写真で丁寧に綴った冊子です。昭和村の地域づくり団体「NPO法人苧麻倶楽部」が企画・編集しました（平成26年度昭和村イメージアップ活動支援事業）。農作業やお祭り、除雪作業などを追った日々の写真からは、住民たちの力強い表情があふれ、実名で取り組みが紹介されています。高齢化率55%から連想する暗いイメージはまったく受けず、むしろ読み手が元気をもらえるような、暮らしに根づくさまざまな活動が紹介されています。

その後、昭和村では、『介護予防手帳』（2016年CLC編集委託）を制作。従来の介護予防手帳とは異なり、集落行事への参加や生きがいのある仕事づくり、自宅やお店でのお茶飲みが、すでに介護予防につながっていることを実例で紹介し、この暮らしを維持しよう！と提案する冊子になっています。

出会える昭和村を伝える冊子『この村で暮らすこと、生きること』

昭和村『介護予防手帳　この素晴らしい村、愛しいわが家でいつまでも』

また、福島県郡山市においても、復興庁による自治体版ハンズオン支援事業を実施するなかで、『郡山市の「通いの場」地域で、自宅で、いきいきと暮らし続けるために』（2016年CLC刊・25頁に掲載）を制作し、郡山市『通いの場』普及推進大会にて配付しました。高齢になっても住み慣れた地域でいきいきと暮らし続けるのに役立つ「通いの場」を広く普及させるねらいのもと、すでに地域にある通いの場を1年かけて探し集めて制作しました。そうして集めた事例には、仲間づくりや健康づくりだけでなく、お互いの見守りや支え合いにもつながっているものがたくさんありました。優れた「通いの場」は、必ずしも大きな団体や、しっかりした組織が運営しているものだけではないことも、明らかになりました。

冊子になることで、誰もが手にとりやすく、また写真を主にすることで、文字を読みにくい人でも視覚的に理解することができます。掲載された人にも励みになり、また周囲に活動を伝え共有する手法としても有効です。

日々の支え合いを発表し合う「見せる化」は、「認め合い・たたえ合う」場づくり

日常の支え合いを見つけたら、冊子にまとめるだけではなく、取り組みを生活支援コーディネーターが写真を撮って紹介したり、住民の皆さんに発表してもらいましょう。発表することで、自分たち自身がその取り組みの支え合いの価値が明らかになっていき、その意味を意識化していくことにつながります。また周囲が理解し、活動を認め合うことで、張り合いが生まれます。

福島県郡山市では、高齢になっても住み慣れた地域でいきいきと暮らし続けるのに役立つ「通いの場」を広く普及させるために、冊子づくりのほか、「『通いの場』普及推進大会」を２０１６年３月に市民文化センターで開き（以後、毎年開催）、朝市やカラオケ会、散歩やラジオ体操グループなど16団体が活動を報告。市長から感謝状を受けました。なかでも、犬を連れて毎日散歩をしている近所の高齢女性4人組は、積極的に外に出て元気な姿を毎日周囲に見せることで、誰かが自宅に安否確認に行かなくても、自然に地域に見守られる関係を築いていることを評価され、「これまでは誰かが体調を崩したら4人での散歩はおしまいになると思ってきたけれど、継続できるように心がけたい」と4人の意識が前向きになりました。

また、東日本大震災後に地域で生まれた支え合い活動を発表し合う場として、「S－1グランプリ　いがす大賞」が宮城県仙台市で毎年開催されています。仮設住宅での仲間づくりや、災害公営住宅と周辺地域の住民が交流する活動などを公募し、書類審査を通過した団体が、本選で日頃の取り組みを歌や劇などで発表します。被災地の民間団体による同実行委員会が２０１４年から年１回開催。宮城弁で「いいね！」という意味をもつ「いがす」という冠どおり、お互いの活動を認め合い、たたえ合い、明日への活力となる場に育まれています。

さらに一歩すすんで、宮城県山元町では地域の支え合い活動を推進するために、地域住民を対象に町内4地区で、地域にすでにある支え合い活動を、住民自らが掘り起こすための研修が始まりました（平成28年度宮城県NPO等の絆力を活かした震災復興支援事業）。

これらの手法は、住民が「お客様」ではなく、地域の「主役」でなければ実現しません。生活支援コーディネーターとして肝に銘じるべきポイントです。

郡山市『通いの場』普及推進大会
（2016．3．17）

S-1グランプリ第3回いがす大賞
（2016．2．20）

story

03

住民の暮らし方を教えてもらう

ここでは、長年 PTA やボランティア活動をしてきた主婦でもある生活支援コーディネーターの目から、地域の支え合い活動を見ていきます。地域には、彼女のようないわゆる「地域のプロ」がたくさんいるはずです。専門職の視点だけからは気づきにくい、住民ならではの支え合いへのまなざしを見ていきましょう。

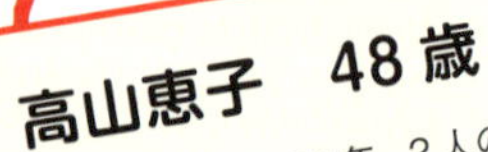

この地に住んで 25 年。2 人の子どものＰＴＡ活動を通して、さまざまな地域活動に携わってきた。ママさんバレーのエースとしても活躍する、活動的で世話好きな専業主婦。長年の地域活動から協議体の推薦で、生活支援コーディネーターになる。

地域のいろいろなパンフ（ファイル）
トレーニングウエア（着替え用）
お菓子（人に配る）
学校関係の冊子
おにぎり（昼食用）
お茶　など

※この物語はフィクションです。実在の場所、人物とは関係ありません。

村木さんに紹介されて隣町の生活支援コーディネーター高山さんのお話を聞けることになりました
よろしくお願いします
あらー若い子だねー
よろしくね
訪問に行くけど一緒に行く?
ハイ
会長さんありがとうございました
自治会長
初めての家にお邪魔するときは自治会長や行政の人とかに
さっき初めての家だったの
なるほど…!
一緒に行ってもらうといいの
安心してくれるから
24 STORE
POST
CLINIC

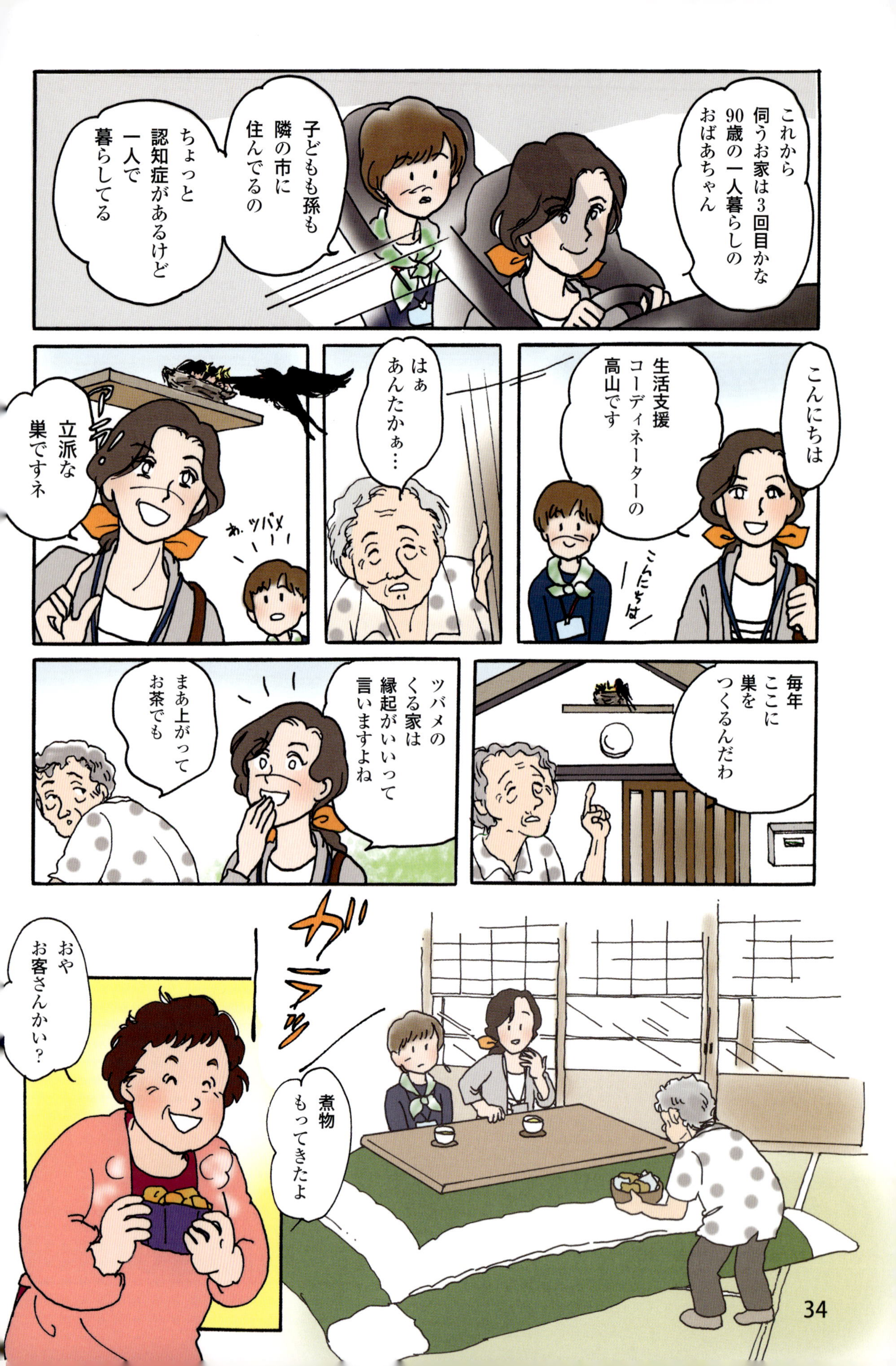
これから
伺うお家は3回目かな
90歳の一人暮らしの
おばあちゃん
子どもも孫も
隣の市に
住んでるの
ちょっと
認知症があるけど
一人で
暮らしてる
こんにちは
生活支援
コーディネーターの
高山です
こんにちは
はぁ
あんたかぁ…
立派な
巣ですネ
あ、ツバメ
毎年
ここに
巣を
つくるんだわ
ツバメの
くる家は
縁起がいいって
言いますよね
まあ上がって
お茶でも
ガラッ
おや
お客さんかい？
煮物
もってきたよ

役所の人だで
ああ そうかい
カボチャ 煮たから もってきたよ
あとで スーパー 行くけど
なんか 買って くるかい？
今日は 大丈夫だ
しその実 漬けたから
もってきな
明日 燃えるゴミの 日だから
玄関前に 出しときな
ゴミ ステーションまで 持っていくから
いつも すまないねぇ
そしたら 私らこれで
おや そうかい
じゃ また
もう いいんですか
いいの
大事なことは わかったし
え？
行政からの 情報では 一人暮らしって ことしか わからない
でも
今回 気にかけてくれて いる人がいるのが わかったわ

90を過ぎて 車もなくて 不便だろう 一人暮らし
でも 気にかけて くれる 友だちがいる
お互いに 支え合って 暮らしていける
地域の宝物 支え合いは 至るところに あるんだわ
私はいずれ自分が 高齢者になったとき どんなふうに 暮らしたいか 考える
どうしたら 一人で暮らして いけるのか 知りたい それも この仕事をしている 理由の一つかな
私は どんな暮らしが したいんだろう?
そうか そう考えれば いいんだ
自分のこと として…
こんにちは
こんにちは
こんにちは
あの2人はいつも あそこに座ってるの 2人とも一人暮らし
どっちかの姿が 見えないと 家に訪ねて いくんだわ
高山さん 今度の20日 盆おどりだから 遊びにきな
わあ うれしい!!
子どもも 一緒で いいですか?
それって
そう それも 支え合い なのよ
こうしたことが 「見える」 ようになるのが コーディネーター には必要なのよ
私はよそから越して 来たから この地域のことが よく見えるのかも しれない

解説

高齢者の暮らしにふれてみると、親しい仲間やご近所とのつき合いのなかで、暮らしのちょっとした困りごとを支え合っていることが見えてくる。生活支援コーディネーターには、訪問時のわずかな時間で、そんなことに気づき、その後の対応を見立てる力が求められる。しかし、そうした場面は訪問すれば必ず見えるというものではない。

マンガにもあるように、たまたま訪問時にご近所の人が訪ねてきて、そのなかの会話の端から日々の関係を推察する。記録シートの余白を埋めるように、根掘り葉掘り一度に聞き出すのではなく、何度か訪問するなかで、気になる点を把握して、その人がなるほどこうした関係を構築しているから、自宅で暮らすことができているのかと納得できることも活動の初期においてはたいせつなことだ。そうした経験の蓄積が、自分の引き出しを増やし、住民の暮らしの課題に気づけるようになっていく。マンガでは、パンフレットを持参したり、ツバメの巣などが会話の糸口として紹介されているが、こうした一見無駄とも思える問いかけや会話が、その人の本音や関心を聞くきっかけづくりになる。

また、地域を訪ねたら必ず立ち寄るような家や商店などの存在も重要だ。そこで、その地域や気になる人の近況を尋ね、地域や気になる人の状況を把握し、暮らしを立体化することができる。

こうした気づきの力は、資格を有した専門職というよりも、暮らしの経験を積み重ねてきた主婦などに備わっている。生まれも育ちもこの地域という人の地域力も必要だが、逆によそから転入してきたり結婚を機に移り住んだという人の場合は、その地域のよさやもの足りないところに気づけるという感性をもっている。

第1層の生活支援コーディネーターは、市町村に1人の配置という場合が多いので、悩みを抱え相談できる相手も少なく、孤立するようなこともある。その意味で、他市町村のコーディネーターとの交流、とくに第3話に登場する高山のような道標となる先輩との出会い、交流もたいせつだ。また、生活支援コーディネーターは地域のさまざまなイベントへの誘いを受けたら、可能な範囲でちょっと顔を出すだけでも、その地域との関係づくりに役立つ。

地域にまぜてもらうための5つの心得

心得1 至るところにサロンあり、内容問わずにつながり見よう

「サロン」というと、公民館のような場で月2回など、決まった場所・時間に集まり体操をしたり会食をして過ごすといった固定観念を捨てましょう。

2人以上の高齢者がおしゃべりをしたり、生きいきと活動している場は、すべて「サロン」ととらえましょう。個人宅、納屋、田畑、浜辺、路上、商店、公園、飲食店、コンビニ、神社など、場所はどこでもいいのです。そして、そこで行われている内容は問わないのが原則です。おしゃべり、飲食、スポーツ、体操、お祭り、農作業や軽作業、趣味・娯楽・教養活動、ボランティア活動などなど。

たいせつなのは、そこに人と人との「つながり」があるということです。互いに気をかけ合う原点です。住民が集まって支え合う場面は、暮らしのなかにとけ込んでいるのです。まずは、住民同士が気軽に集まって、楽しんだりくつろいでいる場をたくさん探してみましょう。

心得2 他人ごとではなく自分ごと、想像力をふくらませよう

一人暮らしのDさんに認知症の症状が見えてきたようで、できないことが増えてきました。一人で暮らすのは本人にとってもまわりにとっても危ないから、施設に入ったほうがいいのでは、と入所を勧めることは簡単かもしれません。

でも、それがDさんの望む暮らしでしょうか。その前に、「もし自分だったらどうしたいだろう?」と想像してみましょう。Dさんを施設に入れて地域から排除するのではなく、どうしたらここで暮らせるかを考えましょう。高齢化への対応と地域づくりは、けっして他人ごとではありません。将来の自分や家族のためでもあるのです。

たとえば、Dさんが今どうやって一人で

暮らしているのかを教えてもらいましょう。今までの人間関係を駆使し、知恵を絞って工夫をして暮らしているはずです。
まずは、それをつぶさに見せてもらいましょう。

心得3 何気ない会話の端にヒントあり、耳を傾け暮らしを知ろう

地域の住民との関係が築けてくると、いろいろな世間話もできるようになります。何気ない会話のなかから、ちょっとした困りごとや、その人が暮らしのなかでたいせつにしていることが見えてきます。まずは、耳を傾けることがたいせつです。

地域のリーダーなどと話す場合は、その活動内容だけでなく、理念や思い、一人ひとりの役割、地域の歴史や価値観、関係性などがわかると、地域の誰に相談したらいいかや働きかける順序などもわかってきます。

個人のお宅を訪問することもあるでしょう。そんなときは、出されたお茶やお菓子、漬け物などはいただくのが礼儀です。もてなそうという相手の気持ちに応えることも大事な関係づくりです。

心得4 教えてもらおう暮らしぶり、課題は自ずと見えてくる

その地域のさまざまな「つながり」が見えてくると、表面には見えてこなかった暮らしのなかの課題が自然に見えてくるようになります。

基本的にニーズは表面からは見えにくいものです。ときには本人や地域が自覚していないこともあるので、生活支援コーディネーターはそれに敏感に気づく力が求められます。

地域の文化・伝統、人々の知恵や工夫、技を教えてもらうことで、はじめて課題に気づき、暮らしを豊かにする方法をみんなで考えられるようになります。

課題を見つけるために地域に入るのではなく、まずは地域に学ぶ、地域から教えてもらうという姿勢がたいせつです。

心得5 一人のニーズはみんなのニーズ、〝気づき〟の種を地域に蒔こう

個別の課題（ニーズ）を解決することもたいせつですが、一人のニーズをみんなのニーズととらえられる視点を住民がもてるようになることが、誰もが住みやすい地域づくりにつながります。

住民自身が、暮らしのなかで育んできた支え合いを、資源（宝物）として意識して、その芽を地域の文化に沿って育てていく。それを側面から支援していくのが、生活支援コーディネーターの役割です。

人は多様な資源とつながって暮らしています。ですから、一つの資源を見つけると、次々と芋づる式に地域の宝物が見えてきます。これらを広めたり、深めたりできるように、気づきの芽を地域に育てていきましょう。

日々のつながりや支え合いの「関係の継続」を支える移動販売

ご近所とのつながりや支え合いの関係に気づき、その関係の継続をさりげなく支える場がありました。移動販売です。週に何回か訪れる移動販売を待ちわびる高齢者の多いことにも、気づきます。

時間にしたらわずか数分程度の買いものの場が、ご近所とのおしゃべりの場であったり、安否確認の場であったりと、それが社会とのつながる接点となり関係の継続の場ともなっています。

＊＊＊

三重県紀北町の「まおちゃんのおつかい便」は、月曜日～土曜日までの週6日間、浜のある町場ではお店の軒先や魚市場、公民館、工場の駐車場などで、山間部では個人宅の玄関先や軒下、玄関内、居室にも、食品トレーを運んで陳列します。

たとえば、ケアマネジャーの要請で訪ねる高齢者夫婦宅には、夫婦がデイサービスから帰ってくる15時ちょっと前に、移動販売車を自宅脇に横付けします。夫婦が自宅に入られると同時に、玄関のなかに食品トレーを運び込み、買いものをしてもらいます。夫婦はそれで買いものしたことを認識し、歩いて30分もかかるお店に出かけずに済みます。途中雨が降ってきてずぶ濡れになったこともあったと言います。

拠点拠点で食品トレーを並べると、ご近所から買いもの客がやってきます。買いものとともに、集まった高齢者同士のおしゃべりが楽しそうです。

なかには送迎をする人もあり、手前の集落で会った人のことを「○○ちゃん元気やったで」と報告する姿もあり、関係をつなぐ役割を果たしています。

喫茶店の軒先でも販売します。ある喫茶店のママさんは、「うちのお客は、行くところのない男ばかり。男のデイサービスみたいなものよ」と笑います。「2日連続で来ないと、お客が皆心配してたいへんなの」とも。立派な男の居場所を発見してしまいました。

まおちゃんのおつかい便

下矢部西部地区の移動販売。リクエストにも応えた品ぞろえ

＊＊＊

高齢化の進む熊本県山都町の下矢部（しもやべ）西部（さいぶ）地区社会福祉協議会は、定期的に訪れる移動販売車に集まる買いもの客に着目して、買いもの前後のわずかな時間でいいので、その場でのおしゃべりを推奨しました。名づけて「移動端会議」。高齢になり、運転免許証返上などで相乗りも困難になってきたことから、地区社協はサロンの開催を４つの小地域に分散しました。このサロンに移動販売に来てもらえたら便利ではないかと地区社協が交渉し、これまで移動販売が来ていなかった地区でも買いものができるようになりました。

＊＊＊

高知県室戸市の浜の集落や山間部の高齢者の暮らしを支える岡田商店の移動販売も、ちょっとした電化製品の買い出しに応えたり、移動販売を休む年始の暮らしを支えるため、密閉容器に詰めたおせち料理を差し入れするなどして、一人暮らしの高齢者を支えています。

＊＊＊

移動販売に付いて回ると、次々に地域でのつながりや支え合いの場が見えてきます。福祉関係者だけが地域の支え合いを支えているのではありません。いろいろな業種の人とつながることで、見えて来るものがあることに気づきましょう。

岡田商店の移動販売。買いものがてら座っておしゃべりを楽しんでいる

お手製のバッグを持参して買いものする常連さん

story

04

あるものを活かして暮らしを豊かに

地域の支え合いは、日々の暮らしのなかでの自然な営みのため、当人たちが自覚していないことも多いのです。今までの話から、それが宝物であること、そしてそれを見つけるコツが少しわかってきたでしょうか。ここでは、地域のことをよく知っている住民（地域のプロ）と制度サービスを担う支援のプロが両輪となることで、地域での豊かな暮らしをつくる姿を描きます。生活支援コーディネーターが、両者のつなぎ役となり、協議体で地域の支え合いを共有していくには、どうしたらよいのかを見ていきます。

※この物語はフィクションです。実在の場所、人物とは関係ありません。

○市
○市地域包括支援
地域包括
支援センター
今日は
13時からの
ふれあい
センターの
サロンに行って
きますね
予定表
行って
らっしゃい
ふれあいセンター
まずは
行動だ
お漬け物
もってきたよ
みんなで
食べよう
ありがとう
おいしいわ
みなさん
こんにちは
あんたも
ひとつどう？
ありがとう
ございます
いただきます
ちりん！
あら
リュックに
つけてるの何？
かわいいわね
メッ
ヤ！
あっ
あたしにも
見せて
これ
ですか？
あら
かわいい
手づくり？
ハイ
あなたが
つくったの？
はぁ
まあ
簡単
なんですよ
つくり方
教えてよ
かわいい！

私も
カワイイ
今度つくり方を紙に書いてきて
あっ あの 私にもこのお漬け物のつくり方教えてください
いいともさ
まぜてもらうのがいちばん
少し前に進めるかもしれない…
地域の活動は宝物
そういえば三田村さんは今日は来ていないねえ
添田さんと一緒に
スーパー銭湯に行ってるんだ
ああ そうだったね
え？
それってどういうことですか？
山田さん教えて下さい
添田さんは少し足が不自由でな
週に2回はヘルパーが入って掃除や買い物もしているんだけどね
お風呂に入るのはたいへんなんだよ
それで交替でときどき車で隣町のスーパー銭湯まで
一緒に行ったりしてるんだよね
きょうは三田村さんが乗せてって
一緒にお風呂に行くほうが一人で行くより楽しいしね
これって「宝物」だよね…

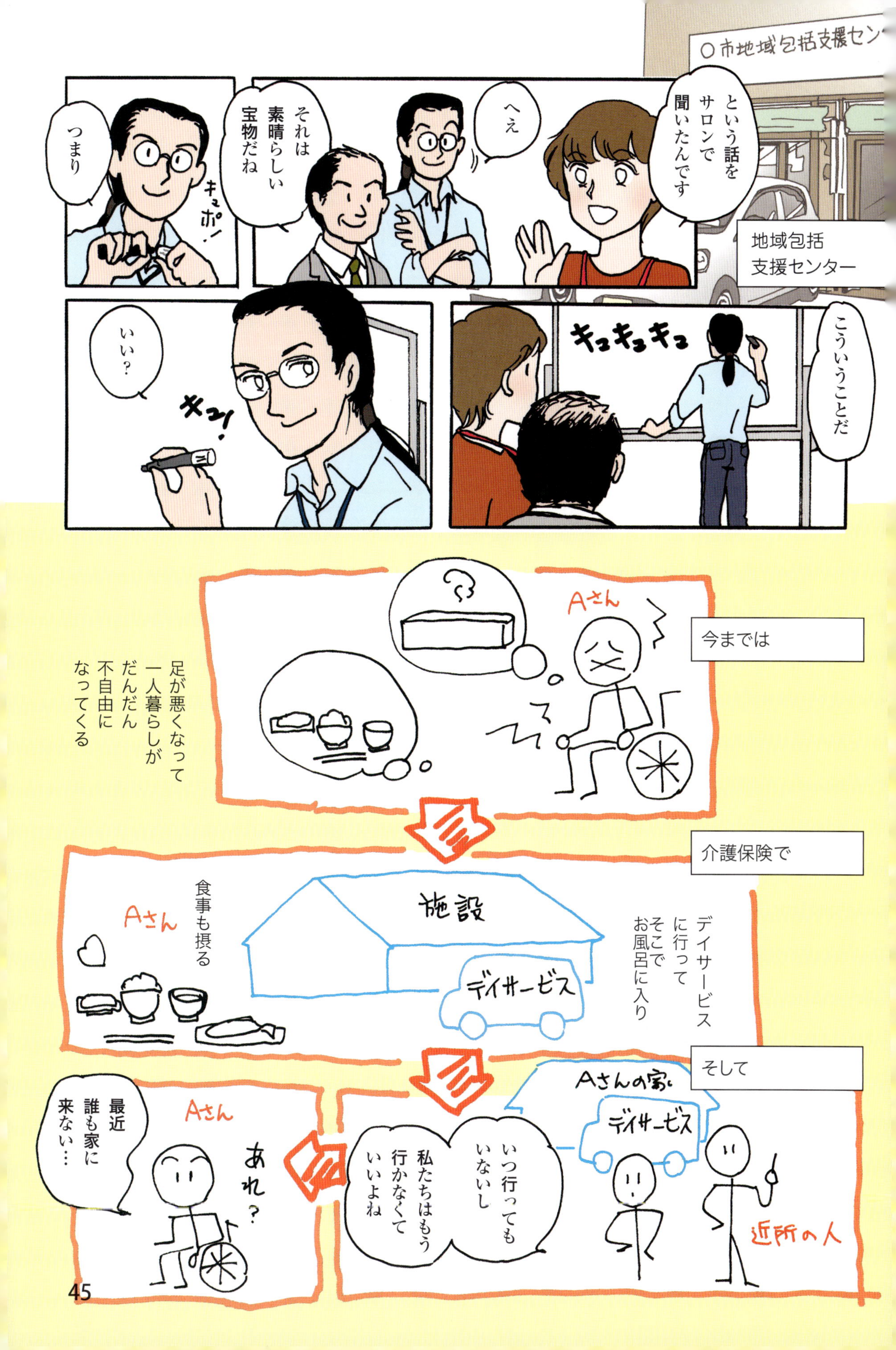
○市地域包括支援セン
地域包括支援センター
という話をサロンで聞いたんです
へえ
それは素晴らしい宝物だね
つまり
キュポ！
こういうことだ
キュキュキュ
いい？
キュッ！
今までは
足が悪くなって一人暮らしがだんだん不自由になってくる
Aさん
介護保険で
デイサービスに行ってそこでお風呂に入り
食事も摂る
施設
デイサービス
Aさん
そして
Aさんの家
デイサービス
いつ行ってもいないし
私たちはもう行かなくていいよね
近所の人
Aさん
あれ？
最近誰も家に来ない…

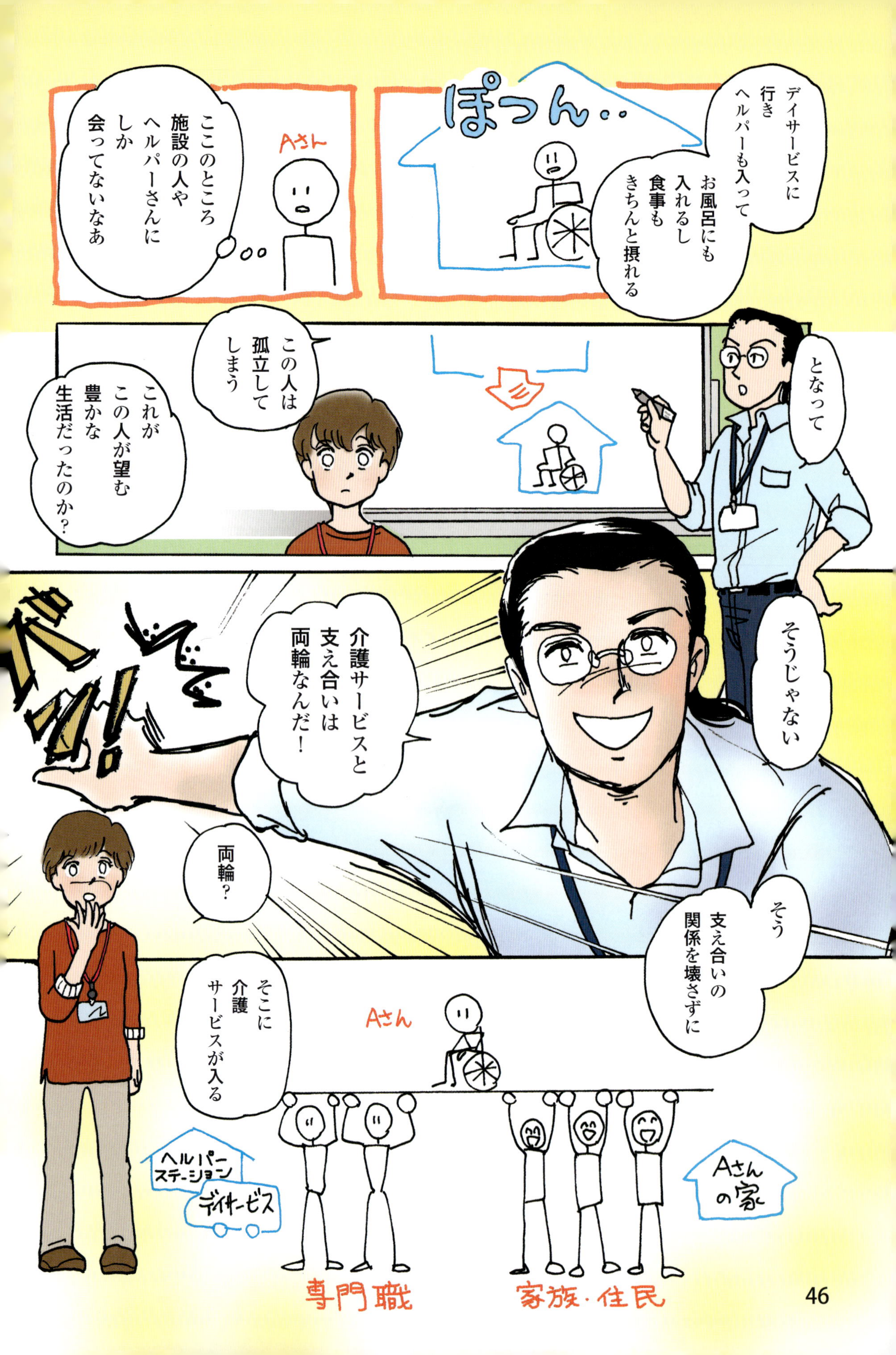
デイサービスに行き
ヘルパーも入って
お風呂にも入れるし
食事もきちんと摂れる
ぽつん…
Aさん
ここのところ施設の人やヘルパーさんにしか会ってないなあ
となって
この人は孤立してしまう
これがこの人が望む豊かな生活だったのか?
そうじゃない
介護サービスと支え合いは両輪なんだ!
両輪?
そう
支え合いの関係を壊さずに
そこに介護サービスが入る
Aさん
ヘルパーステーション
デイサービス
Aさんの家
専門職
家族・住民

人間関係は今までのまま
必要なところに介護サービスを利用する
見守りや
おすそ分けなど
近隣地区の支え合いはおもて立って見えてこない
行政や制度上のサービス専門職だけでは把握できない
支援のプロと地域のプロをつなぐのも
生活支援コーディネーターの役割なんだ
地域の課題を解決するために支援のプロと地域のプロのつなぎ役になる…
この支え合いを壊さないようにするのが大事なんだ
地域を知ることから「協議体」は始まるんだ
山田さんたちは日々のおつき合いのなかから自然にそれを実践してるんだ

そして
ここでも
協議体が
発足しました
生活支援
コーディネーターの
岡田です
現在
地域で皆さんの
暮らし方を
教えてもらって
います
どうぞ
よろしく
お願いします
お手元の
資料を
ご覧ください
現在
ここには
5つのサロンと
たくさんの
お茶飲みなどの
つどい場があります
主な
活動内容ごとに
表にして
みました
へえ
この地域には
こんなに
たくさん
あるんだ！
ワイ
ワイ
これ
おもしろ
そう！
探せば
もっと
あるのかも
今度
一緒に
行ってもいい？
ええぜひ
一緒に
行きましょう！

解説

新米コーディネーターの岡田は、村木や高山から学び、一人で地域に入り、足が不自由で一人ではお風呂に入ることがたいへんな高齢者を、みんなでスーパー銭湯に連れて行ったり、連れて行くほうも一人で行くよりも二人で行くほうが楽しいということを知り、お互いの困っていることを交換することで、お互いがハッピーになれるなら、お互いの負担も少ないことに気づいていく。

　このように「地域づくりの木」のナチュラルな資源にあたる、ご近所でのお茶飲みやそれを通じてお互いを気にかけ合い、見守りやおすそ分け、ちょっとしたお手伝いをする、というようなことが見えるようになってくる。

　村木が解説しているように、気になる人や支え合っている人が介護サービスに結びつくことで、入浴やデイサービス利用時の食事など、ピンポイントの問題は解決する。その一方で、友人やご近所は専門機関や専門職につながったことでもう安心とか、訪ねてもデイサービスに行っていて留守だとか、ホームヘルパーが活動中は訪ねたら迷惑になるのではないかとか、そんな気持ちになって、気になる人への関心が徐々に薄くなり、孤立させてしまうことがある。そうならないように介護サービスは、日々の近所づき合いや支え合いに配慮して提供されることが重要だ。図4（6～7頁）の「介護保険サービスと地域での支え合いの関係の変化」のように、介護サービスも支え合いもともに充実させながら、地域生活を継続するために組み合わせて提供されることが望まれる。

　介護保険改正で新たに創設された協議体は、支え合う地域づくりに向けて、具体的な日々の支え合いをみんなで共感したり共有したりして、地域のプロと支援のプロをつないで協働したり、ときには制度改善を提案していくものだ。まずは、地域の宝物を共有し、介護サービスがその人のつながりを奪うことないように、地域でどう協働していくかなどを議論してほしい。市町村域の第1層や日常生活圏域（中学校区）の第2層だけでなく、自治会やもっと小さな単位で行われる住民同士の会話もミニ協議体やミニミニ協議体と位置づけて、そこで話し合われた声も協議体での議論の素材としていくことも、より住民の思いを反映することとなる。

◉まとめ

地域での支え合いの発見の方法と広げ方

池田昌弘

マンガを通して、地域での支え合いの発見の方法を紹介してきたが、支え合いの活動が意味ある活動として住民が認識するとともに、自らも活動を発見したり、活動を進化させたりすることができれば、地域に支え合いが充満することだって夢ではない。

人とうまくつながることのできない状態にある人のことも排除せず、気にかけながら、つながれる人からつながりを広げ、深めていく。

30・31頁の「地域支え合い活動の見つけ方」で紹介しているように、発見した活動を一冊にまとめたり発表大会で報告し合ったりという「見える化」と「見せる化」は、単に住民にそうした活動を紹介するにとどまらず、活動の意味を伝え、その活動の意義を住民も専門職も意識化する機会となる。31頁で紹介している宮城県山元町や、長野県宮田村などでは、住民自ら発見し共有する試みが始まっている。

改正介護保険で創設される「協議体」も、地域に出向き、高齢者がご近所で集うお茶飲みや、もう少し広範な地域で行われているサロンや趣味・スポーツなどの活動、さらには地域の清掃活動や祭事などにまぜてもらうと、マンガや事例でも紹介している仲間同士、あるいは住民同士で支え合う姿が見えてくる。

それが、まさに「地域づくりの木」（5頁）の根っこの部分にあたる「ナチュラルな資源」ということだ。「芋づる式地域の歩き方」（マンガ第2話）で例示されている「ラジオ体操」から展開される活動はその典型で、困ったことがあれば仲間みんなで支え合う関係は、新しい地域支援事業が目指す究極の「生活支援」だ。要支援者の介護予防給付によるサービスに代わる「新しい介護予防・日常生活支援総合事業（新しい総合事業）」のうち、「介護予防・生活支援サービス事業」の整備が優先されがちだが、一方で「生活支援サービス」の開発の前に、支え合える仲間づくりをしっかり進めておかないと、根っこは細ることになる。その意味で、次頁の図のように「一般介護予防事業」と包括的支援事業における「生活支援サービスの体制整備」を中心に両輪で進めることが肝要だ！

「いったいどう進めたらいいのか」という声が聞こえる。協議体では、身近な地域で行われているナチュラルな資源である「日々の支え合い」をぜひとも協議の素材として取り上げていただき、共有してほしい。

福島県平田村で毎月開かれている協議体に参加させてもらった際に、住民委員も専門職委員も積極的で、次々に発言されることに驚いた。

「私の住む集落には、親しい2〜3人がそれぞれの家に集うお茶飲みがたくさんある」「住民同士が声かけ合って、サロンの日は自分でつくった漬け物や煮物などを持参してくれる」「よそから越してきたばかりのときは、朝7時に近所の人が訪ねてくることに驚いたけれど、そんな関係がこの地域の支え合いの基盤になっていることに気づいた」「近所の高齢者が、つねに地域の子どもを気遣ってくれるので、子どものほうもご近所の高齢者をつねに気にかけている」「介護保険サービスの利用でつながりが切れないように、利用者とそのお友だちに声かけしている」などなど、住民も専門職もこの地域にしっかり根づいていることがわかる。

協議体の閉会では、次回までに委員は地域の支え合いを探して、メモや写真を持ち寄り共有することが提案され、2時間の協議体はあっという間に過ぎた。

地域の支え合いはこのように、みんなで掘り起こし、共有して、みんなで広げていくものなのだろう。そして、こうした動きをしっかり地域に根づかせていくために、高齢者保健福祉計画や地域福祉計画などの行政計画にも反映させながら、官民協働で築いていきたい。

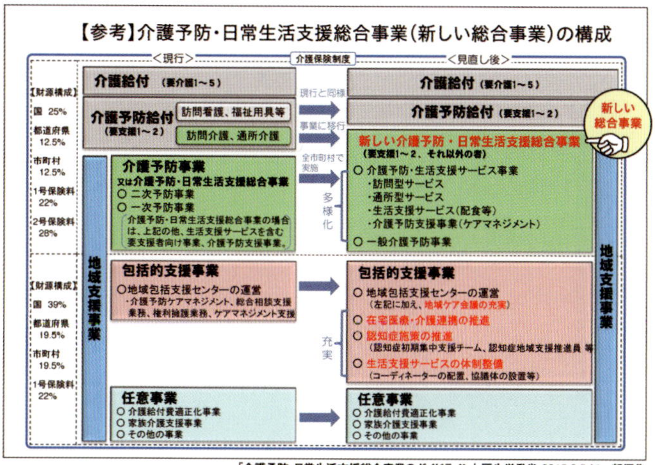

【参考】介護予防・日常生活支援総合事業（新しい総合事業）の構成

＜現行＞　介護保険制度　＜見直し後＞

【財源構成】
国 25%
都道府県 12.5%
市町村 12.5%
1号保険料 22%
2号保険料 28%

介護給付（要介護1〜5） → 現行と同様 → 介護給付（要介護1〜5）

介護予防給付（要支援1〜2）
訪問看護、福祉用具等 → 介護予防給付（要支援1〜2）
訪問介護、通所介護 → 事業に移行 → 新しい介護予防・日常生活支援総合事業

新しい総合事業

地域支援事業

介護予防事業
又は介護予防・日常生活支援総合事業
○ 二次予防事業
○ 一次予防事業
介護予防・日常生活支援総合事業の場合は、上記の他、生活支援サービスを含む要支援者向け事業、介護予防支援事業。

→ 全市町村で実施　多様化

新しい介護予防・日常生活支援総合事業
（要支援1〜2、それ以外の者）
○ 介護予防・生活支援サービス事業
・訪問型サービス
・通所型サービス
・生活支援サービス（配食等）
・介護予防支援事業（ケアマネジメント）
○ 一般介護予防事業

【財源構成】
国 39%
都道府県 19.5%
市町村 19.5%
1号保険料 22%

包括的支援事業
○地域包括支援センターの運営
・介護予防ケアマネジメント、総合相談支援業務、権利擁護業務、ケアマネジメント支援

→ 充実

包括的支援事業
○ 地域包括支援センターの運営
（左記に加え、地域ケア会議の充実）
○ 在宅医療・介護連携の推進
○ 認知症施策の推進
（認知症初期集中支援チーム、認知症地域支援推進員 等）
○ 生活支援サービスの体制整備
（コーディネーターの配置、協議体の設置等）

任意事業
○ 介護給付費適正化事業
○ 家族介護支援事業
○ その他の事業

→

任意事業
○ 介護給付費適正化事業
○ 家族介護支援事業
○ その他の事業

地域支援事業

「介護予防・日常生活支援総合事業のガイドライン」厚生労働省 2015.6.5 に一部編集

地域づくり・仲間づくりのためのツール

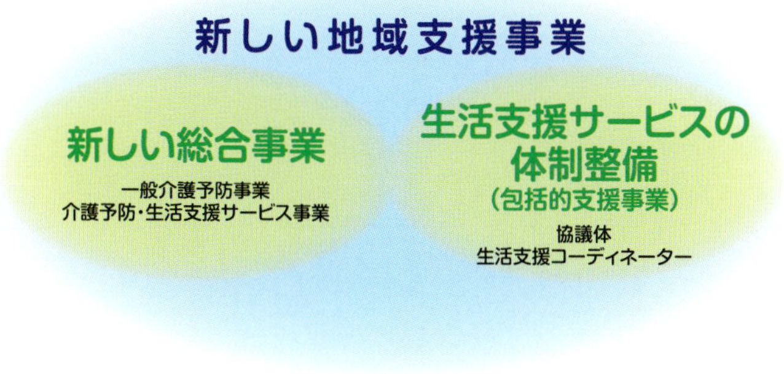

新しい地域支援事業

新しい総合事業
一般介護予防事業
介護予防・生活支援サービス事業

生活支援サービスの体制整備
（包括的支援事業）
協議体
生活支援コーディネーター

編　者　池田昌弘
全国コミュニティライフサポートセンター　理事長

協　力　大坂　純
東北こども福祉専門学院　副学院長

執　筆　池田昌弘
小野寺知子（全国コミュニティライフサポートセンター）
木村利浩（全国コミュニティライフサポートセンター）
北川郁子（七七舎）

マンガ　高垣知子（スプラウトデザイン）

生活支援シリーズ1
マンガでわかる　生活支援コーディネーターのための
地域支え合いの見つけ方・活かし方

発行日 2016年10月20日　初版　第1刷
2017年9月22日　第2版 第1刷
2023年4月12日　第2版 第2刷

編　者 池田昌弘

発　行 全国コミュニティライフサポートセンター（CLC）
〒981-0932 宮城県仙台市青葉区木町16-30　シンエイ木町ビル1F
TEL 022-727-8730　FAX 022-727-8737
http://www.clc-japan.com/

編集協力・制作　七七舎
装　　幀　久保田奈々（七七舎）

ISBN978-4-904874-52-3